Diocesi di Milano

Con Te!

Discepoli

SUSSIDIO

2

Itinerario di Iniziazione Cristiana

CENTRO AMBROSIANO

A cura del *Servizio per la Catechesi* della Diocesi di Milano.

Illustrazione di copertina: Silvia Gastaldi
Altre illustrazioni: Silvia Gastaldi e Tommaso D'Incalci
Progetto grafico: Conte Oggioni Partners e Irene Sala
Coordinamento editoriale: Sonia Spinelli e Simona Origgi

Stampa: Boniardi Grafiche – Milano

I salmi alle pp. 74-75 sono stati adattati al linguaggio dei bambini.

Via A. da Recanate, 1 – 20124 Milano
Tel. 02.6713161
E-mail: libri@chiesadimilano.it
www.itl-libri.com

ISBN 978-88-6894-140-6

Ciao, sono l'apostolo Pietro.

Ci siamo già conosciuti, ricordi?
Sono un pescatore di Cafàrnao.
Gesù ha chiamato me e altri amici, per diventare suoi discepoli.
All'inizio nemmeno io sapevo cosa volesse dire. Poi ho iniziato a seguirlo e ho capito che essere discepoli è un'avventura entusiasmante.
Gesù cammina davanti, apre la via, e noi lo seguiamo. E così abbiamo scoperto moltissime cose su di lui, su Dio e anche su di noi.

Se vuoi seguire Gesù, ti aspetta un'avventura piena di scoperte.
Potrai anche tu essere discepolo, essere tra "coloro che seguono".
Lungo il cammino incontrerai molti personaggi e scoprirai molto anche su di me.

Per accompagnarti, di tanto in tanto, ti confiderò la buona notizia che ho ricevuto da Gesù. Per questo esistono gli apostoli!
Anche tu, però, tieni gli occhi e le orecchie bene aperti: alcune novità, Gesù le sussurrerà direttamente al tuo cuore. Non tenerle per te. Fai come me: raccontale agli altri! Buon cammino, sulla via di Gesù.

Pietro

TAPPA 1

L'incontro con Gesù

*«Non temere;
d'ora in poi sarai*
pescatore di uomini.»

(Leggi *Lc* 5,1-11)

Pietro incontra Gesù

Come Pietro, capita che, "dopo aver pescato tutta la notte", le tue reti siano vuote: come ti senti?

Segna la faccina che esprime meglio il tuo sentimento.

Gesù sale sulla "tua barca" e ti dice: «Prendi il largo!» Cosa rispondi?

Scrivilo qui!

....

....

Ora le tue reti quasi si rompono per i tanti pesci che hai pescato, fidandoti di Gesù: come ti senti?

Segna la faccina che esprime meglio il tuo sentimento.

Ti sei inginocchiato davanti a Gesù, e lui con amore ti ha detto: «Non temere; d'ora in poi sarai pescatore di uomini». Che cosa rispondi al Signore che ti invita e ti chiama?

GRAZIE, GESÙ, ...

....

....

....

....

Sei tu, Gesù, il maestro di vita,
e chiami noi discepoli tuoi.
Davanti a noi, guidi i nostri passi,
noi ti seguiamo con gioia.

LE PAROLE DELLA FEDE
VOCAZIONE

«Che cosa significa diventare "pescatore di uomini"? Gli uomini pescati da Gesù iniziano a vivere più di prima. L'ho capito quando lui mi "ha pescato" nel lago di Galilea. I pesci, quando finiscono nella rete, sono pronti per essere venduti al mercato e mangiati. Gli uomini pescati da lui, invece, hanno voglia di seguirlo sempre di più; sono fieri e felici perché il Signore li ha chiamati a stare con lui e a vivere il suo Vangelo.»

Il cieco di Gerico incontra Gesù

Duccio di Buoninsegna, *Guarigione del cieco nato* (1308-11), National Gallery, Londra

Un gruppo di ragazzi visita una mostra di opere d'arte dedicate alla vita di Gesù. Ascoltiamo il dialogo con la guida che li accompagna...

INCONTRARE GESÙ CI CAMBIA.
Il Signore incontra le persone e le salva. È la fonte della vita e della gioia! Lo possiamo pregare insieme...

Signore, Gesù, che hai guarito il cieco,
fa' che ti veniamo incontro con la massima fiducia.
Nella tua Parola e nella tua Chiesa
noi possiamo sperimentare il tuo amore.
Donaci di vedere, di camminare,
di vivere nella gioia.
Donaci di ricordare ogni giorno che,
insieme a te, non saremo mai soli. Amen.

Zaccheo incontra Gesù

«Scendi subito!»

(Leggi *Lc* 19,1-10)

Qual è il lavoro
di Zaccheo?
Che cosa pensano i suoi
concittadini di lui?

Perché, Gesù,
attraversa questa città?
Dove vuole andare?

[1]Entrò nella città di Gerico e la
stava attraversando, [2]quand'ecco
un uomo, di nome Zaccheo, capo
dei pubblicani e ricco, [3]cercava di
vedere chi era Gesù, ma non gli
riusciva a causa della folla, perché
era piccolo di statura.
[4]Allora corse avanti e, per riuscire
a vederlo, salì su un sicomòro,
perché doveva passare di là.
[5]Quando giunse sul luogo, Gesù
alzò lo sguardo e gli disse:

Perché tutti
vogliono
vedere Gesù?

Che cos'è un sicomòro?
Che cosa pensa la gente,
vedendo Zaccheo salire lassù?

Gesù, come avrà
guardato Zaccheo?
Che cosa gli dirà?
Con che tono?
Sarà arrabbiato?

Come mai, Gesù, conosce
il nome di Zaccheo?

Che sorpresa! Perché Gesù
decide di fermarsi proprio
a casa di Zaccheo?
Che cosa prova, Zaccheo,
a sentirsi chiamato per nome?

6 «Zaccheo, scendi subito, perché oggi
devo fermarmi a casa tua». Scese
in fretta e lo accolse pieno di gioia.
7 Vedendo ciò, tutti mormoravano:
«È entrato in casa di un peccatore!».
8 Ma Zaccheo, alzatosi, disse al Signore:
«Ecco, Signore, io do la metà di ciò
che possiedo ai poveri e, se ho rubato
a qualcuno, restituisco quattro volte
tanto». 9 Gesù gli rispose: «Oggi per
questa casa è venuta la salvezza,
perché anch'egli è figlio di Abramo.
10 Il Figlio dell'uomo infatti è venuto
a cercare e a salvare ciò che
era perduto».

Accidenti,
che cosa
pensa ora
la gente?

Che coraggio!
Perché sceglie
di donare la propria
ricchezza?

Zaccheo ha cambiato vita
e adesso è felice!

«Oggi devo fermarmi a casa tua»

La casa è il mio cuore

Che sorpresa! Gesù vuole avvicinarsi agli uomini, soprattutto a chi è più lontano dalla felicità: che cosa vorresti dirgli?

SCRIVI QUELLO CHE VUOI DIRE A GESÙ.

....

....

....

La casa è la mia famiglia

Prepara un segnalibro e mettilo nel tuo Vangelo, dove trovi il racconto di Zaccheo. Potrai così leggerlo a casa con la tua famiglia.

TAPPA

2

Gli amici di Dio

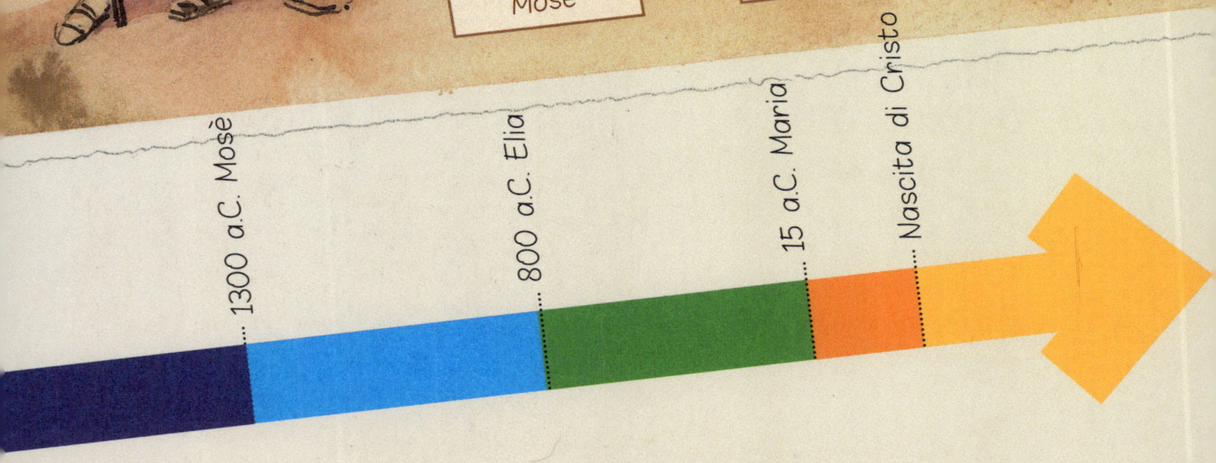

Carta d'identità

Nome: ....

Periodo storico: 1300 a.C.

Luogo dell'incontro con Dio:

....

Carta d'identità

Nome: ....

Periodo storico: 800 a.C.

Luogo dell'incontro con Dio:

....

Carta d'identità

Nome: ....

Periodo storico: 15 a.C.

Luogo dell'incontro con Dio:

....

Tempo di Avvento

DATE DA RICORDARE

Il .... inizia l'Avvento, il tempo per prepararci a vivere il Natale di Gesù, che celebreremo insieme il 25 dicembre.

PASSI DELLA COMUNITÀ CRISTIANA

Viviamo l'attesa della venuta di Gesù tra noi.

EUCARISTIA

Viviamo bene l'appuntamento con Gesù nella Messa, tutte le domeniche alle ore .... nella chiesa di ....

PREGHIERA

Ogni sera recitiamo le preghiere in camera o davanti al presepe, in particolare rivolgendoci a Maria.

ATTESA

Contiamo i giorni per restare attenti alla venuta di Gesù. Lo faremo così:

- con il calendario dell'Avvento
- con il centrotavola dell'Avvento
- con ....

GESTO DI CARITÀ

Ricordiamoci dei poveri, con un piccolo gesto di carità che ci è stato proposto:

....

....

Sei tu, Gesù, l'amico fedele,
il tuo amore è per tutti noi.
Nel tuo sangue che tu hai versato,
Dio si lega per sempre a noi.

LE PAROLE DELLA FEDE
ALLEANZA

Preghiera a Maria: Angelus

L'Angelus è una preghiera a Maria
che ha detto il suo "sì" a Dio ed è diventata la mamma di Gesù.

Guida: L'Angelo del Signore portò l'annuncio a Maria.
Tutti: Ed ella concepì per opera dello Spirito Santo.

Guida: «Ecco l'ancella del Signore.»
Tutti: «Sia fatto di me secondo la tua parola.»

Guida: E il Verbo si è fatto carne.
Tutti: E abitò fra noi.

Guida: Prega per noi, santa Madre di Dio.
Tutti: Perché siamo fatti degni delle promesse del Cristo.

***Ave, Maria, piena di grazia,
il Signore è con te.
Tu sei benedetta fra le donne
e benedetto è il frutto del tuo seno, Gesù.
Santa Maria, Madre di Dio,
prega per noi peccatori,
adesso e nell'ora della nostra morte. Amen.***

*Preghiamo. Infondi nel nostro spirito la tua grazia, Signore;
tu, che all'annuncio dell'angelo ci hai rivelato l'incarnazione del tuo Figlio,
per la sua passione e la sua croce guidaci alla gloria della risurrezione.
Per Cristo nostro Signore. Amen.*

Mosè e l'incontro con Dio

«Non avvicinarti oltre!
Togliti i sandali dai piedi,
perché il luogo sul quale tu stai
è suolo santo!»

(Leggi *Es* 3,1-13)

Elia e l'incontro con Dio

Dopo il fuoco, il sussurro
di una brezza leggera.
Come l'udì, **Elia si coprì il volto**
con il mantello, uscì e si fermò
all'ingresso della caverna.

(Leggi *1Re* 19,1-18)

Mosè e il fuoco di Dio

Hai mai visto un albero colpito
da un fulmine e bruciato dal fuoco?
Il fuoco lo distrugge e lascia intorno
solo della cenere...

Disegna qui sotto il roveto
dopo che Dio ha parlato a Mosè.

Segna quali sono le caratteristiche del fuoco di Dio...

- ☐ DISTRUGGE
- ☐ SCALDA
- ☐ ILLUMINA
- ☐ RENDE FORTI
- ☐ È GENTILE
- ☐ BRUCIA

Elia e il soffio di Dio

Quale di queste immagini
ritrae la brezza in cui Elia ha riconosciuto Dio?

Ho scoperto la forza del vento quella volta che

....

e ho scoperto la dolcezza del vento quando

....

Lo sapevi che nella lingua di Mosè ed Elia, l'ebraico, "vento" e "respiro" si dicono nello stesso modo? La parola che indica entrambi è "Ruah". Il respiro di Dio è come il vento dolce e leggero!

Maria e l'annuncio dell'angelo

«Rallégrati, piena di grazia:
il Signore è con te.
Ed ecco, concepirai un figlio,
lo darai alla luce
e lo chiamerai Gesù.»

(Leggi *Lc* 1,26-38)

attaccabriche inaffidabili terra di pagani

La Galilea ha una pessima fama ai tempi di Gesù! Come mai l'angelo viene mandato proprio lì?

Nicchie profonde nelle roccie

Entrando dove? Come sono le case in Galilea, a quei tempi? Ma la casa non è un luogo poco solenne per l'annuncio di un angelo?

26 Al sesto mese, l'angelo Gabriele fu
mandato da Dio in una città della
Galilea, chiamata Nàzaret, 27 a una
vergine, promessa sposa di un uomo
della casa di Davide, di nome Giuseppe.
La vergine si chiamava Maria. 28 Entrando
da lei, disse: «Rallégrati, piena di
grazia: il Signore è con te».
29 A queste parole ella fu molto
turbata e si domandava che senso
avesse un saluto come questo. 30 L'angelo
le disse: «Non temere, Maria, perché
hai trovato grazia presso Dio. 31 Ed ecco,
concepirai un figlio, lo darai alla luce
e lo chiamerai Gesù. 32 Sarà grande
e verrà chiamato Figlio dell'Altissimo;
il Signore Dio gli darà il trono di Davide
suo padre 33 e regnerà per sempre sulla
casa di Giacobbe e il suo regno
non avrà fine».

ti affida una missione

Che curioso saluto... che cosa vuol dire l'angelo?

invito alla gioia

Dio le vuole bene

Sarà figlio di Giuseppe?

Figlio Straordinario

Com'è possibile? Anche i regni più potenti, alla fine, crollano! Sarà un regno diverso da tutti gli altri? Gesù sarà un re speciale?

Regno destinato a durare

Scomvolta
cosa devo fare? Quale missione?

Che cosa sta provando Maria?
Gioia o spavento? Accetterà o dirà di no?
Chiederà qualcosa all'angelo?

Che cosa vuol dire l'angelo?
Dio respirerà nel corpo di Maria: lo Spirito Santo è il respiro di Dio, un respiro pieno di amore!

34Allora Maria disse all'angelo: «Come
avverrà questo, poiché non conosco
uomo?». 35Le rispose l'angelo:
«Lo Spirito Santo scenderà su di te
e la potenza dell'Altissimo ti coprirà
con la sua ombra. Perciò colui che
nascerà sarà santo e sarà chiamato
Figlio di Dio. 36Ed ecco, Elisabetta,
tua parente, nella sua vecchiaia ha
concepito anch'essa un figlio e questo
è il sesto mese per lei, che era detta
sterile: 37nulla è impossibile a Dio».
38Allora Maria disse: «Ecco la serva
del Signore: avvenga per me secondo
la tua parola». E l'angelo si allontanò
da lei.

Nato dal respiro amorevole di Dio: brezza amorevole di Elia caldo abbraccio di Mosè

coraggio
si fida

Spesso, in Israele, alcune persone erano indicate come "figli di Dio", ad esempio il re.

E adesso, che cosa sta provando Maria?

Scelta difficile per Maria
villaggio piccolo gente mormora
prendevano in giro

Un regalo della Chiesa: l'Ave Maria

Scrivi le prime parole dell'angelo a Maria:
sono l'inizio della preghiera.

AVE, ...

Cerca nel Vangelo di Luca le parole di Elisabetta
che sono contenute nell'Ave Maria (Lc 1,42).

....

....

....

....

La seconda parte dell'Ave Maria
inizia con un'invocazione che parla di una sua qualità:

SANTA MARIA, ...

....

....

Sei tu, Gesù, il Figlio di Dio,
come fratelli ci unisci a te.
Tu con amore ci affidi a Maria,
madre nostra e madre di Dio.

LE PAROLE DELLA FEDE

MARIA

La Chiesa ha inventato tante invocazioni che descrivono Maria e poi le ha raccolte insieme a molte altre: si chiamano LITANIE.

Santa Maria, Madre di Dio, ***prega per noi***.
Santa Maria, madre del Creatore, ***prega per noi***.
Santa Maria, madre del Salvatore, ***prega per noi***.
Santa Maria, casa dello Spirito Santo, ***prega per noi***.
Santa Maria, consolatrice di chi è triste, ***prega per noi***.
Santa Maria, aiuto dei cristiani, ***prega per noi***.

Adesso prova tu a pregare Maria con delle invocazioni che la descrivono.

Santa Maria, madre di Gesù, prega per noi
Santa Maria, Moglie di Giuseppe, prega per noi
Santa Maria, guida di tutti gli uomini, prega per noi.

Puoi usare queste invocazioni e altre che puoi inventare per la tua preghiera a Maria, da solo o con altre persone.

Anche io come loro!

Come Mosè

«Togliti i sandali dai piedi, perché il luogo sul quale stai è suolo santo!»

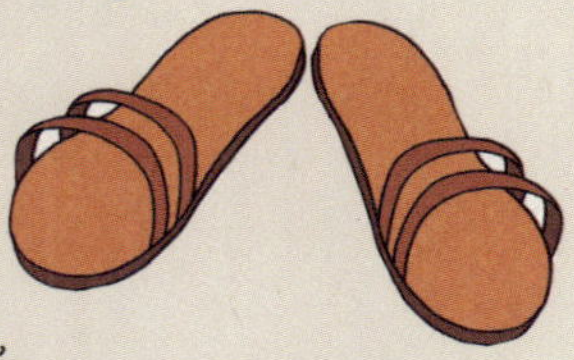

C'è un momento, nella Messa, in cui siamo proprio come Mosè davanti a Dio?

....

Come ci mettiamo?

....

E noi? Come esprimiamo il fatto che siamo alla presenza del Signore? Con quali gesti mostriamo il nostro rispetto e amore nei suoi confronti?

Come Elia

Elia si coprì il volto per uscire alla presenza di Dio.

C'è un momento, nella Messa, in cui siamo proprio come Elia in ascolto attento, per riconoscere Dio che parla? ....

Come ci mettiamo?

....

E noi? Come esprimiamo la nostra attenzione nell'ascoltare? Proviamo a chiudere gli occhi per concentrarci sull'ascolto...

Come Maria

Alle parole dell'angelo, Maria rimase turbata e si domandava che senso avessero.

Ci sono tanti momenti, nella Messa, in cui facciamo silenzio davanti a Dio, prima ancora di rivolgergli le nostre preghiere.

E a noi? Capita di stare in silenzio?

Riusciamo a sentire Dio se facciamo spazio al silenzio intorno a noi e dentro noi. È proprio così!

Ma a che cosa serve il silenzio?
Nel silenzio non c'è niente! Prova a leggere...

Marianonèaltempioèincasal'angeloèinviatodaDioinGalileapropriotraquelli
guardaticonsospettodalleautoritàdeltempiodiGerusalemmeinGalileacisono
alcunecittàimportantimal'angeloèinviatoinunvillaggiodinessunaimportanza
NàzaretnonècertocomeiltempiodiGerusalemmel'angelosalutaMariarallégrati
tucheseistatariempitadalsuoamoregratuitoedefficaceMariaèpienadellagraziadiDio
cioèDiolevuolemoltobeneilSignoreècontequandounangelosalutaqualcuno
conquesteparoleèperchéglistaaffidandounamissioneuncompitoimportante.

TAPPA

3

Gesù ci insegna a pregare

Mentre pregava,
il suo volto cambiò d'aspetto
e la sua veste divenne
candida e sfolgorante.

(Leggi *Lc* 9,28-36)

Dentro il cuore di Dio

Prova a immaginare e a disegnare
che cosa è successo quel giorno sul monte Tabor...

«Io avrei voluto restare ancora. Ero un po' spaventato, all'inizio... poi mi sono sentito al sicuro; mi sembrava di essere in braccio a Dio, dentro il cuore di Dio! Era così bello che io e gli altri discepoli non sappiamo neppure quanto tempo siamo rimasti con il Maestro.»

Voi pregate così...

«Padre nostro...»

(Leggi *Mt* 6,5-15)

Una preghiera che le contiene tutte

Cerca nel disegno quelle esperienze di vita che puoi abbinare alle invocazioni contenute nel *Padre nostro*.

PADRE NOSTRO

Padre nostro, che sei nei cieli,
sia santificato il tuo nome,
venga il tuo regno,
sia fatta la tua volontà,
come in cielo così in terra.
Dacci oggi il nostro pane quotidiano,
e rimetti a noi i nostri debiti
come noi li rimettiamo ai nostri debitori,
e non ci indurre in tentazione,
ma liberaci dal male.
Amen.

«Tutte le altre formule destinate o a suscitare o ad intensificare il fervore interiore, non contengono nulla che non si trovi già nella preghiera del Signore.»

(Sant'Agostino)

Padre nostro, che sei nei cieli

אבא
Abbà
Caro papà

Vogliamo pregare
con la stessa confidenza
e fiducia di Gesù,
che chiama Dio:
abbà, caro papà.

PADRE

Sia santificato il tuo nome

Incolla o disegna un'immagine
che ti aiuta a parlare di Dio.

Vogliamo lodare,
ringraziare e
riconoscere Dio.
Facciamo
i complimenti
a Dio
nostro Padre.

ENTRA

Sei tu, Gesù, il Figlio del Padre,
figli di Dio siamo in te.
Tu sei maestro, ci insegni a pregare,
e noi viviamo nel tuo amor.

LE PAROLE DELLA FEDE

PADRE

Venga il tuo regno

Vogliamo, Signore,
che il tuo regno
di pace e di amore
raggiunga ogni
angolo della terra
e del nostro cuore!

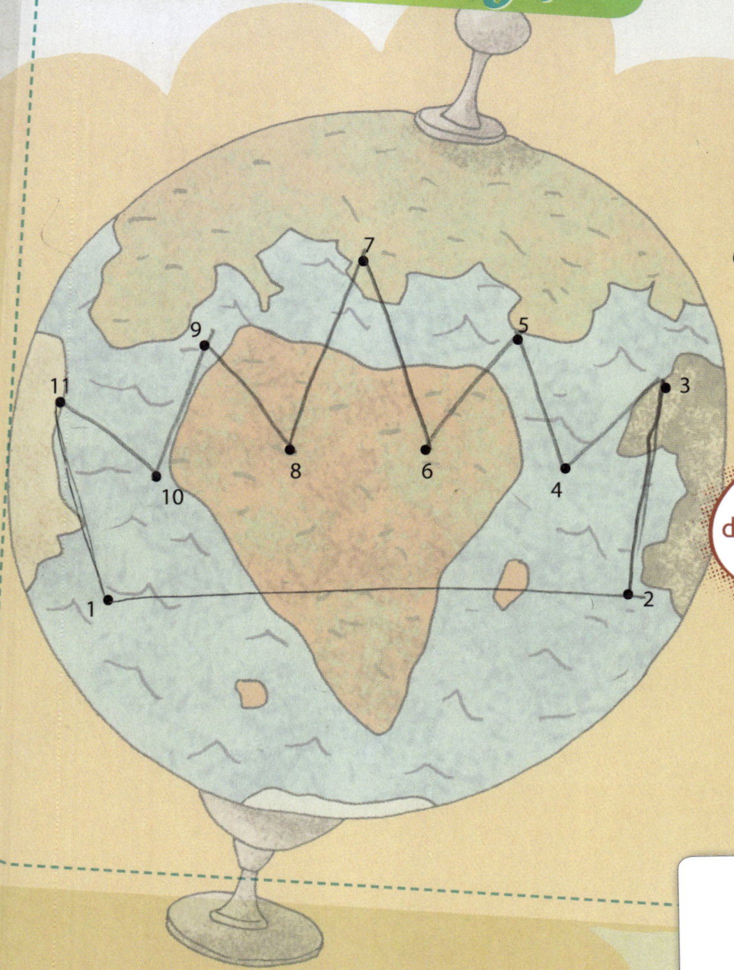

Unisci i puntini del disegno e scopri che cosa appare.

ALLARGA

Sia fatta la tua volontà, come in cielo così in terra

Vogliamo che la terra assomigli sempre di più al cielo! Non vogliamo che siano divisi!

Colora di azzurro le parti del disegno rimaste in bianco.

FAI

Dacci oggi il nostro pane quotidiano

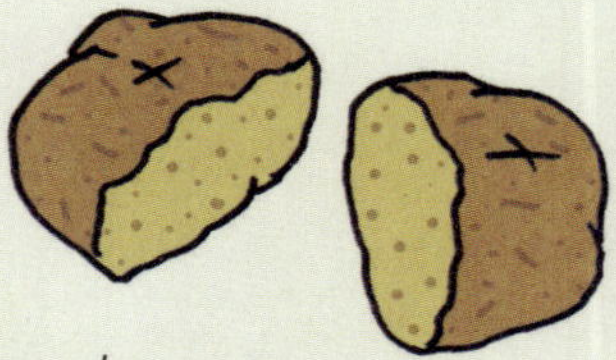

Signore, non farmi mai mancare il ....

Signore, non fare mai mancare agli uomini della terra il necessario per vivere!

OGGI HO INCONTRATO ....
E MI HA RACCONTATO ....
....

DAMMI VITA

Rimetti a noi i nostri debiti come noi li rimettiamo ai nostri debitori

Grazie, perché doni il tuo perdono
e ci insegni a perdonare!

PERDONAMI

E non ci indurre in tentazione, ma liberaci dal male

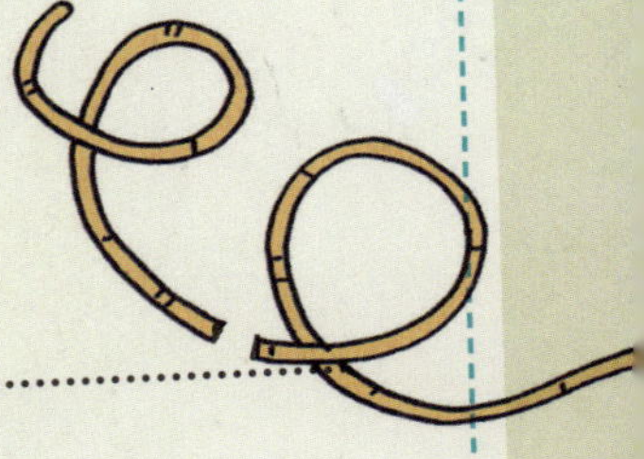

Signore, liberami dalla tristezza, dall'egoismo.
Signore, liberami da ....
Signore, liberami per poter aiutare i miei amici.
Signore, liberami per poter ....

LIBERAMI

Preghiamo come Gesù

Un testimone

OGGI HO INCONTRATO ....
E MI HA RACCONTATO ....

....
....
....
....

Noi preghiamo il Padre nostro...

- ... con le braccia alzate verso il cielo
- ... con le mani aperte
- ... con i piedi piantati a terra.

Nel cammino di scoperta della preghiera del *Padre nostro*, mi è piaciuta, in particolare, questa espressione:

....

....

perché ....

....

Ho scoperto in modo nuovo, in particolare, questa espressione:

....

....

perché ....

....

«Un giorno, abbiamo chiesto al Maestro:
"Signore, insegnaci a pregare,
vogliamo pregare come te".
E così ci ha svelato il segreto
della sua preghiera.
Anche noi ora possiamo pregare
come lui e insieme a lui, e abbiamo
la gioia di dire: "Padre nostro!"»

TAPPA

4

I personaggi della passione

GETSÈMANI O ORTO DEGLI ULIVI
Un giardino pieno di ulivi, con una grotta nella quale c'era un frantoio, una speciale macina che trasforma le olive in olio. In quel luogo, si poteva passare la notte. Era un luogo che Gesù e i suoi discepoli conoscevano bene.

CASA DEL SOMMO SACERDOTE
Il sommo sacerdote aveva una casa accanto al tempio, perché proprio lì trascorreva la maggior parte del suo tempo. La casa aveva un piccolo cortile esterno.

GÒLGOTA O CALVARIO
Gòlgota è un termine della lingua ebraica, e significa "cranio". Era una piccola collina rocciosa che, ai tempi di Gesù, si trovava appena fuori dalle mura di Gerusalemme.
Era il luogo dove venivano fatte le crocifissioni.

Tempo di Quaresima

Il 28/02 inizia il tempo della Quaresima, 40 giorni con i quali ci prepariamo a vivere la Pasqua di Gesù, che celebreremo insieme il 1/04

PREGHIERA
Preghiamo come è stato proposto, dicendo al Signore
grazie...
scusa...
ti prego...
Vai a p. 72

EUCARISTIA
Viviamo bene l'appuntamento con Gesù nella Messa, la domenica alle ore ....
nella chiesa di ....
....

CELEBRAZIONE
Partecipiamo anche a una celebrazione: ....
....

GESTO DI CARITÀ
Ricordiamoci dei poveri, con un piccolo gesto di carità: ....
....

I discepoli nell'orto degli ulivi davanti a Gesù

«Non sia fatta la mia,
ma **la tua volontà**.»

(Leggi *Lc* 22,39-46)

La lotta di Gesù...

Dove siamo? NELL' ORTO DEGLI ULIVI

Guarda sulla mappa a p. 46.

Quando? DOPO L'ULTIMA CENA

Che cosa accade? CHE GESÙ PREGA E I DISCEPOL DORMONO

Dormire

A volte, mi addormento...
... perché sono stanco
... perché è molto tardi
... perché non ho voglia di fare nulla.

Secondo te, perché i discepoli si addormentano?

Pregare

Posso pregare...
... per ringraziare
... per domandare qualcosa
... per chiedere perdono.

Secondo te, perché Gesù prega?

...toglie il peso del mondo

«Gesù non dorme.
Prega e lotta.
Il Signore Gesù porta
per noi il peso del male
del mondo. Non vuole che
ne restiamo schiacciati:
si è caricato lui,
per alleggerire noi.»

Gesù, ti affido i pesi del mondo e anche i miei...

- il peso del male
- il peso RABBIA
- il peso della tristezza
- il peso DEI PECCATI
- il peso della paura
- il peso DEL BULLISMO

Il Signore è mia luce
e mia salvezza:
di chi avrò timore?
Il Signore è difesa
della mia vita:
di chi avrò paura?
(Dal Salmo 27)

Pietro davanti a Gesù

Allora il Signore si voltò
e fissò lo sguardo su Pietro,
e Pietro si ricordò della parola
che il Signore gli aveva detto.
E uscito fuori, pianse amaramente.

(Leggi *Lc* 22,54-62)

Piangere

A volte, piango perché...
... mi sono fatto male
... sono triste
....

Secondo te, perché Pietro piange? ....

....

Gesù, con il suo sguardo, dice:

Che cosa direbbe Pietro, se incontrasse Gesù?

Il buon ladrone davanti a Gesù

Beato Angelico, *Crocifissione e santi* (particolare, 1439-45), Museo Nazionale di San Marco, Firenze

Dove siamo? ....

Guarda sulla mappa a p. 46.

Quando? ....

Che cosa accade?

Uno dei malfattori appesi alla croce insulta Gesù.
L'altro, invece... che cosa fa?
Come lo guarda?

CHE COSA DICE? .... Leggi *Lc* 23,42.

E Gesù, che cosa fa? Come guarda il ladrone?

CHE COSA DICE? .... Leggi *Lc* 23,43.

Sei tu, Gesù, un dono d'amore,
salvi ogni uomo, salvi anche noi.
Tu ci perdoni sulla tua croce,
e vinci il male col bene.

LE PAROLE DELLA FEDE
SALVEZZA

Gesù, sulla croce, offre a tutti
la sua amicizia, un legame forte con lui:
«Oggi con me sarai nel paradiso».
È come un filo che ci lega a lui
e che nessuno potrà più spezzare

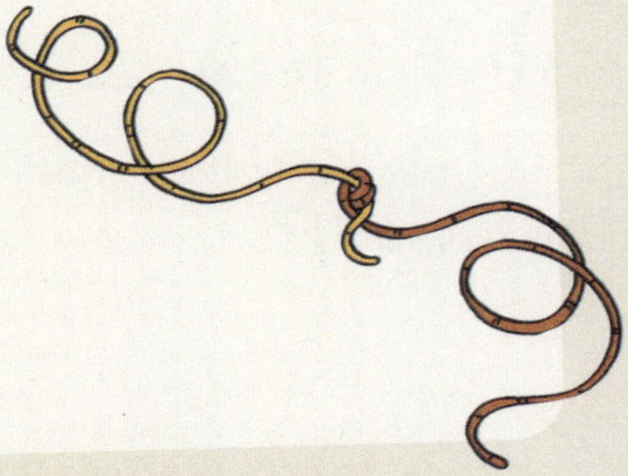

Gesù vince il male
con il bene,
si carica lui del male
per alleggerire noi.
Così si spezza
la catena del male.

Gesù ci salva sulla croce

Guardiamo insieme Gesù sulla croce. Ascoltiamo le sue parole...

1. **«Padre perdona loro, perché non sanno quello che fanno.»** (*Lc* 23,34)
Gesù perdona, perché ha il cuore grande e a tutti offre una vita nuova.

2. **«In verità io ti dico: oggi con me sarai nel paradiso.»** (*Lc* 23,43)
Gesù ci guarda con affetto e vuole che noi siamo sempre con lui.

3. **«Donna, ecco tuo figlio!»; «Ecco tua madre!»** (*Gv* 19,26-27)
Gesù ci fa entrare nella sua famiglia per diventare tra noi fratelli e sorelle.

4. **«Dio mio, Dio mio, perché mi hai abbandonato?»** (*Mc* 15,34)
Gesù lotta contro la morte e, pregando, si aggrappa a Dio Padre.

5. **«Ho sete.»** (*Gv* 19,28)
Gesù ha sete di noi, ci desidera e accende in noi l'amore per lui.

6. **«È compiuto!»** (*Gv* 19,30)
Gesù vince il male con il bene, vince la morte con la sua vita donata.

7. **«Padre, nelle tue mani consegno il mio spirito.»** (*Lc* 23,46)
Gesù si affida con fiducia a Dio Padre e dona a noi il suo Spirito.

Ritaglia le immagini alle pp. 77 e 79 e abbina a ciascuna una delle frasi di Gesù. Scrivi nel quadratino sul retro il numero corrispondente.

La parola di Gesù che mi piace di più è la numero ....

perché ....

....

....

Incolla qui l'immagine della croce che più ti piace tra quelle che hai ritagliato.

Questa è l'immagine che mi piace di più, perché ....

....

....

A Gesù crocifisso rivolgo
la mia preghiera:
«Ti ringrazio, Signore Gesù,
perché tu ci salvi
sulla croce e grande
è il tuo amore!»

Settimana Santa: celebriamo la Pasqua di Gesù

DOMENICA DELLE PALME

L'ingresso di Gesù
a Gerusalemme
con la processione degli ulivi.
Quando? ....
A che ora?..

VENERDÌ SANTO

La celebrazione della
morte del Signore
o la Via Crucis.
Quando? ....
A che ora?..

GIOVEDÌ SANTO

La Messa della cena
del Signore e la lavanda
dei piedi.
Quando? ....
A che ora?..

DOMENICA DI RISURREZIONE

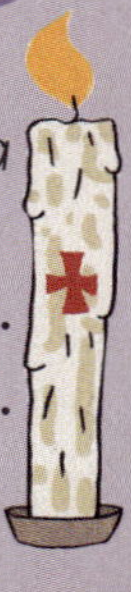

La grande veglia di risurrezione
nella notte di Pasqua e la Messa
del giorno di Pasqua.
Quando? ....
A che ora?..

TAPPA
5

Incontrare il Risorto

*«Metti qui il tuo dito e guarda **le mie mani**; e non essere incredulo, ma credente!»*

(Leggi Gv 20,19-29)

È stato un grande giorno: Gesù è morto
e sepolto, eppure la tomba è vuota
e Maria di Màgdala lo ha incontrato, risorto.
I discepoli, però, non hanno ancora capito
che cosa sia successo.

Tutti chiusi nel cenacolo:
perché? Che forza, Gesù!
Entra con le porte chiuse!
Come fa?

19 La sera di quel giorno, il primo della
settimana, mentre erano chiuse le porte
del luogo dove si trovavano i discepoli
per timore dei Giudei, venne Gesù, stette
in mezzo e disse loro: «Pace a voi!».
20 Detto questo, mostrò loro le mani e
il fianco. E i discepoli gioirono al vedere
il Signore. 21 Gesù disse loro di nuovo:
«Pace a voi! Come il Padre ha mandato
me, anche io mando voi». 22 Detto questo,
soffiò e disse loro: «Ricevete lo Spirito
Santo. 23 A coloro a cui perdonerete
i peccati, saranno perdonati; a coloro
a cui non perdonerete, non saranno
perdonati». 24 Tommaso, uno dei Dodici,
chiamato Dìdimo, non era con loro quando
venne Gesù. 25 Gli dicevano gli altri
discepoli: «Abbiamo visto il Signore!».

Che cosa si vede sulle mani e sul fianco di Gesù?

Che gioia! Gesù vivo! Che cosa
staranno dicendo i discepoli?

Proviamo a immaginare in che
modo hanno detto questa frase.

Gesù ci tiene a Tommaso, vuole incontrarlo. Così lo invita a toccare le sue ferite. Tommaso lo fa? Guardiamo insieme l'immagine alle pp. 58-59.

Tommaso non vuole fidarsi. Non crede che l'hanno visto oppure vuole vederlo anche lui?

Ma egli disse loro: «Se non vedo nelle
sue mani il segno dei chiodi e non metto
il mio dito nel segno dei chiodi e non
metto la mia mano nel suo fianco, io non
credo». 26 Otto giorni dopo i discepoli
erano di nuovo in casa e c'era con loro
anche Tommaso. Venne Gesù, a porte
chiuse, stette in mezzo e disse: «Pace a
voi!». 27 Poi disse a Tommaso: «Metti qui
il tuo dito e guarda le mie mani; tendi la
tua mano e mettila nel mio fianco; e non
essere incredulo, ma credente!».
28 Gli rispose Tommaso: «Mio Signore
e mio Dio!». 29 Gesù gli disse: «Perché mi
hai veduto, tu hai creduto; beati quelli
che non hanno visto e hanno creduto!».

Proviamo a immaginare come ha pronunciato queste parole. Che cosa voleva dire?

Questi siamo noi! Non abbiamo visto, non abbiamo toccato, ma crediamo in Gesù! Come, Gesù risorto, ci incontra oggi?

«Abbiamo visto il Signore!
Con gioia lo raccontiamo a tutti.
Gesù vuole incontrare anche voi
in modo personale e concreto.
Molti di voi lo hanno già incontrato
nel battesimo e tutti lo incontrate
ancora attraverso i sacramenti,
la Parola di Dio e la Chiesa.»

Il sacramento del battesimo

Abbina ciascuna frase a un pezzo del puzzle, colorando il quadratino del colore corrispondente.

Non in un'acqua qualsiasi diventiamo discepoli di Gesù, ma nell'acqua benedetta dallo Spirito. ☐

Lavati nell'acqua siamo puliti da ogni peccato e simili a Gesù risorto. ☐

La croce di Gesù ci accoglie e ci protegge. ☐

Per nove mesi siamo stati nell'acqua nella pancia della nostra mamma: dall'acqua rinasciamo come figli di Dio Padre e amici di Gesù. ☐

Far parte della Chiesa significa avere amici ed esempi importanti. ☐

Per essere amici di Gesù dobbiamo rifiutare il male e rivolgerci verso di lui. ☐

Non tutti sono contenti della nostra amicizia con Gesù. ☐

Nella Chiesa siamo tutti fratelli, figli dell'unico Padre. ☐

Chi conosce Gesù diviene luce per illuminare gli altri. ☐

Filippo battezza l'etiope

Scesero tutti e due nell'acqua,
Filippo e il funzionario etiope,
ed **egli lo battezzò**.

(Leggi *At* 8,26-40)

Sei tu, Gesù, la fonte di salvezza,
che dal peccato ci lavi.
Noi battezzati nell'acqua rinasciamo,
e riceviamo vita nuova.

LE PAROLE DELLA FEDE
BATTESIMO

Oggi abbiamo incontrato il funzionario etiope che è stato battezzato da Filippo.
Ho fatto questa domanda: ....

Ho scoperto qualcosa di nuovo: ....

Anche noi abbiamo ricevuto una buona notizia: ....

«Nel battesimo, l'acqua è simbolo di morte e di vita. Quando siamo immersi nell'acqua, muore il peccato e noi rinasciamo a vita nuova. Diventiamo come Gesù e siamo figli amati di Dio, pronti a vivere come discepoli.»

Ricordiamo il nostro battesimo

Sono stato battezzato
il giorno ....
nella chiesa di ....

Era una giornata: 

Come è andata quella giornata?
☆☆☆☆☆

Chi c'era? ....
Chi erano il mio padrino e la mia madrina?
....
....

Come è stata la festa?

Perché sono stato battezzato? Oppure, perché desidero ricevere il battesimo? ....

....

I miei genitori ricordano questo particolare:

I genitori scrivono qui il loro ricordo.

Metti qui una foto del tuo battesimo.

Oggi abbiamo visitato il battistero della chiesa di .... dedicata a s. ....

....

Che cosa mi è piaciuto e che cosa mi ricordo?

....

....

Un anno Con Te!

Metti una crocetta sul numero corrispondente.

Quale Tappa ricordo di più?

1 2 3 4 5

Quale buona notizia mi ha donato Gesù?

....

....

....

È successo qualcosa di speciale e di bello, in questo anno, nella mia famiglia o nella mia comunità?

....

....

....

....

TAPPA

TAPPA

TAPPA

TAPPA 5

TAPPA 4

QUALE PASSO DI VITA NUOVA VOGLIO COMPIERE PER SEGUIRE GESÙ?

Scrivilo dentro l'ultima orma.

Rivestiti di Cristo

«Tutti voi infatti siete figli di Dio mediante la fede in Cristo Gesù, poiché quanti siete stati battezzati in Cristo vi siete rivestiti di Cristo.»

(Lettera ai Gàlati 3,26-27)

Chi è rivestito di Cristo vive la vita nuova di Gesù:

- nella preghiera
- nella gioia
- nella carità
- nella vita quotidiana.

Collega la veste bianca con il santo o beato corrispondente.

Santa Chiara	San Domenico	Santa Madre Teresa	Beato Pier Giorgio Frassati

I santi e i beati sono amici di Dio e amici nostri. Si sono rivestiti di Cristo e ci aiutano a camminare come discepoli di Gesù per diventare santi come loro.

Disegna un santo per te significativo o incolla un'immagine che lo ritrae.

Preghiamo in famiglia

Preghiamo Maria nel tempo di Avvento

Le litanie

*Nel nome del Padre e del Figlio
e dello Spirito Santo. Amen.*

Ave, Maria...

***A turno si leggono le litanie.
Se si vuole se ne possono inventare altre.***

Vai a p. 29

Nel nome del Padre...

L'Angelus

Vai a p. 17

Preghiamo in camera o davanti alla croce

Nel nome del Padre...

*Gloria al Padre e al Figlio e allo Spirito Santo.
Come era nel principio e ora e sempre,
nei secoli dei secoli. Amen.*

Signore, ti ringrazio per... ***(spazio per interventi personali)***
Signore, ti chiedo perdono per... ***(spazio per interventi personali)***
Signore, ti prego per... ***(spazio per interventi personali)***

Padre nostro...

Ave, Maria...

Guida: Benediciamo il Signore.
Tutti: Rendiamo grazie a Dio.

Nel nome del Padre...

***Si può concludere con un gesto di benedizione da parte dei genitori
(segno della croce sulla fronte dei bambini come nel giorno del loro battesimo)
e un bel gesto di affetto (il bacio della buona notte e/o un abbraccio).***

Preghiamo Maria nel tempo di Pasqua con il *Regina cæli*

Guida: Regina dei cieli, rallegrati, alleluia:
Tutti: Cristo, che hai portato nel grembo, alleluia,

Guida: è risorto, come aveva promesso, alleluia.
Tutti: Prega il Signore per noi, alleluia.

Guida: Gioisci ed esulta, Vergine Maria, alleluia.
Tutti: Perché veramente il Signore è risorto, alleluia.

Preghiamo. O Dio, che nella risurrezione del tuo Figlio, hai ridonato la gioia al mondo intero, per intercessione di Maria Vergine concedi a noi di godere la gioia senza fine della vita eterna. Per Cristo nostro Signore. Amen.

Gloria al Padre e al Figlio e allo Spirito Santo.
Come era nel principio e ora e sempre,
nei secoli dei secoli. Amen.

Parole della fede

*Sei tu, Gesù, il maestro di vita,
e chiami noi discepoli tuoi.
Davanti a noi, guidi i nostri passi,
noi ti seguiamo con gioia.*

*Sei tu, Gesù, l'amico fedele,
il tuo amore è per tutti noi.
Nel tuo sangue che tu hai versato,
Dio si lega per sempre a noi.*

*Sei tu, Gesù, il Figlio di Dio,
come fratelli ci unisci a te.
Tu con amore ci affidi a Maria,
madre nostra e madre di Dio.*

*Sei tu, Gesù, il Figlio del Padre,
figli di Dio siamo in te.
Tu sei maestro, ci insegni a pregare,
e noi viviamo nel tuo amor.*

*Sei tu, Gesù, un dono d'amore,
salvi ogni uomo, salvi anche noi.
Tu ci perdoni sulla tua croce,
e vinci il male col bene.*

*Sei tu, Gesù, la fonte di salvezza,
che dal peccato ci lavi.
Noi battezzati nell'acqua rinasciamo,
e riceviamo vita nuova.*

Preghiamo con i salmi

1. GRAZIE!

Grazie, Signore: te lo dico con tutto il cuore.
Io ti ho parlato e tu mi hai proprio ascoltato.
Grazie perché mi vuoi bene e sei un amico fedele,
me lo avevi promesso, ma non pensavo che saresti stato così buono!
Ti ho chiamato e tu mi hai risposto,
mi hai reso più forte di prima.
Quando sentiranno tutto questo,
perfino i re del mondo cominceranno a dirti «grazie»!

Dal Salmo 138

2. PER FAVORE...

Io voglio bene al Signore,
perché quando lo chiamo lui mi ascolta sempre.
Mi sentivo come in prigione,
ero tanto triste che mi sentivo soffocare.
Allora ho chiamato Dio per nome:
«Ti prego, liberami, Signore».
E ho scoperto
che il Signore si prende cura dei piccoli.

Dal Salmo 116

3. SCUSA...

Signore, tu che mi vuoi così tanto bene,
perdonami perché ho fatto delle cose brutte.
Mi sento un po' sporco dentro,
mi sento pesante.
Mi doni un cuore nuovo?
Mi fai sentire che siamo ancora amici?
Ti prego, donami la gioia
di sapere che sei ancora qui di fianco a me.

Dal Salmo 51

4. CHE BELLO! CHE BUONO!

*Cantiamo al Signore un canto tutto nuovo,
facciamo risuonare di gioia le nostre parole.
Che gioia cantare al nostro creatore
e al nostro re, il Signore!
Suoniamo gli strumenti più belli
per far musica per il Signore.
Perché il Signore ama il suo popolo,
mette in testa ai poveri una corona di gioia.*

Dal Salmo 149

5. NON NE POSSO PIÙ... MI FA MALE...

*Il mio cuore ha sete di stare con te, Signore,
proprio come i cervi hanno sete di acqua da bere.
Non vedo l'ora di stare un po' con te.
Dio è la mia roccia, io mi aggrappo a lui.
Però qualche volta mi viene da chiedergli:
«Ma dove ti sei nascosto?
Perché non ti vedo qui a difendermi
da quelli che mi vogliono far male?»
Ma poi penso: Perché mi lamento?
Il Signore non mi lascia da solo,
quando vorrà, tornerà a farsi vedere qui vicino.*

Dal Salmo 42

6. MI VUOI BENE? TI VOGLIO BENE!

*Signore, guarda: io non voglio essere prepotente
e non mi piace cercare di sembrare più bravo di quello che sono.
A me basta stare in braccio a te, tranquillo e sereno,
come un bimbo sta in braccio alla sua mamma.*

Dal Salmo 131

7. TI OFFRO...

*Signore, mi sento come un piccolo re
che vuole avere accanto solo persone buone.
Non voglio accanto a me
quelli che parlano male degli altri,
preferisco quelli che sanno rimanere fedeli agli amici.*

Dal Salmo 101

Indice

Mosè Bianchi,
Crocifissione (1881 ca.),
Museo diocesano di Milano

Piero della Francesca,
Polittico della Misericordia
(particolare, 1448 ca.),
Pinacoteca di San Sepolcro

Antoon van Dyck,
Cristo sulla croce (1628-30),
Kunsthistorisches Museum, Vienna

Beato Angelico,
Crocifissione (1441-42),
Museo Nazionale di San Marco, Firenze

IESVS NAZARENVS REX IVDAEORVM

Nicola Pisano,
Crocifissione (particolare, 1265-68),
Pulpito del Duomo di Siena

☐

Diego Velázquez,
Cristo crocifisso (1631),
Museo Nacional del Prado, Madrid

☐

Io, ...

....

sono stato battezzato

il giorno ....

nella parrocchia di ....

....

Grazie, Signore,
per il dono del battesimo
e perché mi chiami
ad essere tuo discepolo!

Francesco Hayez,
Gesù Cristo crocifisso
con santa Maria Maddalena (1827),
Museo diocesano di Milano

☐